je découvre la vie

L'automne est arrivé

Michael Herschell

Illustré par
Shirley Tourret

GAMMA • ÉCOLE ACTIVE

4

C'est un automne brumeux.

Les matins d'automne
sont souvent brumeux.
La brume disparaît
quand le soleil arrive.

5

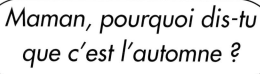

6

7

En automne, les feuilles
des arbres deviennent jaunes,
orange, brunes et rouges.

9

En automne, les feuilles
tombent sur le sol.

La force du vent d'automne
fait tomber les feuilles
des arbres.

L'arbre est encore vert.

Certains arbres ont
des feuilles persistantes,
qui ne tombent pas l'hiver.
Ces feuilles sont souvent
des aiguilles.

On fait souvent des feux
dans les jardins en automne.

Les baies rouges de l'églantier
sont appelées gratte-cul.
On en fait des confitures.

20

Les pommes et les poires
sont mûres en automne.

Regardez les oiseaux
perchés sur le fil !

Ce sont des hirondelles.
Elles se préparent
à migrer vers le Sud.

En automne, beaucoup
d'oiseaux s'envolent
vers les pays chauds.

23

En automne, le fermier
engrange de la nourriture et
de la litière pour les animaux.

Les animaux ont besoin
de nourriture pour manger
et de litière pour se coucher.

En automne,
les écureuils amassent
des noisettes et des glands
pour manger pendant l'hiver.

Le soir, en automne,
il fait nuit très tôt.

Voici tout ce que tu rencontres en automne. Peux-tu nommer ces différentes choses ?